www.ingramcontent.com/pod-product-compliance
Lightning Source LLC
Chambersburg PA
CBHW062044280526
45788CB00003B/1112
* 9 7 8 1 5 4 6 3 2 8 7 4 2 *